푸른 동굴에 가고 싶어요

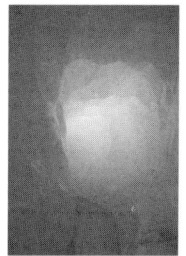

푸른 동굴에 가고 싶어요

김영자 시집

시와산문사

시인의 말

깨끗한 탯줄을 타고
서로에게 젖는 순간
그 순간에 경계는 무너지고

한없는 부드러움
태초의 다정함이 찾아온다.

나는 시금도 긷고 있디
그 부드러움과 다정함을 찾아서.

2025년 8월에
김 영 자

차례

김영자 시집 – 푸른 동굴에 가고 싶어요

1부

내가 빵으로 웃을 때 / 13
성체^{聖體}를 모시며 – 밥의 무게 / 15
밥으로 오십니까, 왜 / 16
초록 식탁 위의 빵 – 발 씻김 예식 중에서 / 18
옹기 – 김수환 추기경님을 추모하며 / 20
길 또는 얼굴·1 / 22
길 또는 얼굴·2 / 23
가슴 구유 / 24
푸른 동굴에 가고 싶어요 / 26
꿈속에서 / 28
봄이 님의 얼굴이었습니다 / 29
아침 야채 속에서 / 30
사그라다 파밀리아 / 31

차례

2부

꽃문 / 35
노수녀^{老修女} – 그릇에 물을 담고·9 / 37
어둠리에서 / 38
재^滓의 수요일 / 40
피에타 / 42
연풍성지에서 / 44
11월 금요일 밤에 함께 있었다 – 리스트와 라흐마니노프는 / 45
풀꽃으로 오시는 이여 / 47
두 천사가 오시었다 / 49
빛·성녀 클라라 / 50
꽃십자가 / 52
빛집 한 채 / 54
종탑에 오르다 – 클레리구리스 성당에서 / 55

차례

김영자 시집 - 푸른 동굴에 가고 싶어요

3부

마애삼존불 / 59
절 물에서 놀다 / 60
겨울 청기와 한 장 아시나요 / 61
낙산洛山 또는 양양襄陽 / 62
와불瓦佛 앞에서 - 운주사 / 63
그 흰 목어木魚의 등뼈 속에서 - 내소사來蘇寺 / 64
탑塔 / 65
정병淨瓶 / 66
보원사지에 놀러오시다 / 67
익산益山에서·2 - 미륵사지 석탑 해체지신께 / 69
오백아라한 / 70

차례

4부

벨링포젠 고원에서 / 75

여름 여행 / 76

물의 문 – 감실龕室 앞에서 / 77

일상의 변 / 78

소금호수 – 소금에 대하여·4 / 79

소금 화석 – 소금에 대하여·8 / 80

크리스털 십자가 – 소금에 대하여·9 / 81

킹카 대성전大聖殿 – 소금에 대하여·10 / 82

더운 길·1 – 몸이 길이 되었다 / 83

안개는 젖은 채로 서 있다 / 84

성 목요일 밤 / 85

차례

김영자 시집 - 푸른 동굴에 가고 싶어요

5부

나무는 걷는다 / 89
꽃, 그 소리 / 91
생문生門 / 92
와온에서 붉은 산을 만나다 / 93
배널 풀이 있는 숲에서 / 95
4월은 실로폰 소리처럼 / 96
늙은 어부 방코센 / 97
우포늪 실잠자리 / 98
말을 걸고 싶다 / 100
나무는 나무에게 간다 - 카필라노 서스펜션 브리지를 건너며 / 102
빛의 손·2 - 베리따스교사회 창립 10주년에 부쳐 / 104
꽃폭풍 / 105

에필로그 | 시의 날갯짓 / 109

1부

내가 빵으로 웃을 때

귀가 웃을 때는 빵이 될 수 있었다
빵의 살을 쪼개며
어느 날은 빵이 되고 싶었다

빵 속에 숨어 계시는 임을 만나면
뜨거워서 꽃이 핀다고
사람과 사람 사이에 빵이 있어
무더기무더기 뜨거운 꽃이 핀다고

늙은 귀로 기록하였다
모든 촉감을 열고
사이와 사이에서 오는 즐거움으로
살과 뼈 사이의 간격을
꽃과 꽃의 사이를 기록하였다

빵으로 웃을 때 귀가 웃었다
이명이 아니었다
내가 빵으로 다시 웃을 때
모든 간격은 사라지고

빵의 박동 소리가 들렸다
임이 따뜻한 빵으로 오시는 중이었다

성체(聖體)를 모시며
― 밥의 무게

밥의 무게를 단다

방울 쿠키를 내려놓고
한 사발밥의 가슴으로
밥의 무게를 달면

밥이 밥을 쪼개어
내게로 오시니
거친 가슴을 적시며
이슬처럼 내게 오시니

밥은 무게가 없으시다
천근(千斤)의 무게로 오시어도

밥으로 오십니까, 왜

단둘이만 있다는 것을 알아차리자
문득 묻고 싶었습니다
밥으로 오시는 까닭을 묻고 싶었던 것은
궁금해서가 아니라
물에 젖은 태풍이 몰려간 후
초가을 햇살이 쏟아졌기 때문입니다

제 비늘을 벗습니다
스스로 감싸기도 했고
때로는 타인들이 겉 포장을 해 주기도 한
생의 한복판에서 빌려 온 그 껍질 위의
반짝이는 비늘을 털어 내면서
주체할 수 없었던 것은 아니지만
이제 즐거움이 조금씩 쌓이기도 했으니

끌어안아 주시렵니까
당신 옆구리의 상처 안에서
집을 짓겠습니다 식탁이 부드러운
그 집에서 익숙한 것들과
낯선 것들 사이에

작은 밥그릇을 놓고 싶습니다

마당 꽃밭이 그리워질 때마다
빗방울로도 오시니 이제
밥으로 오시는 까닭을 묻지 않을 것입니다
위안의 협곡을 지나 노을을 볼 수 있기 때문입니다

초록 식탁 위의 빵
— 발 씻김 예식 중에서

봄비는 내리지 않았고
호수공원의 튤립 꽃밭에서도
튤립은 아직 피지 않았습니다
저녁 식탁이 준비되는 동안에
초록의 식탁이 고요해지는 시간에

허리춤에서 풀어낸 흰 수건의 촉감이
발등에 내릴 때, 발 씻김
그 낯선 말 때문에
잠시 우리는 젖어 있었습니다

떠날 준비를 하고 일어서는, 안녕
몸이 된 빵의 촉수
홀로 껴안을 외로운 저녁 예감
발을 감추며 날아가는 새들

씻김받은 발가락 사이사이의 평온으로
성목요일 밤에 빵을 먹었습니다
들깨꽃 향기 가득한 날
따뜻한 잠을 청하던 날에

쪼개어진 빵을 받아서 먹었습니다

안녕이라고 손을 흔들지 않았습니다
봄비는 곧 내릴 것입니다
튤립들이 금방 피어나 손을 흔들 것입니다

옹기
― 김수환 추기경님을 추모하며

그날 포개어진 손을 보았습니다
깨끗한 손으로 빚으신
커다란 그릇 속에서
바람꽃들이 피는 소리를 들었습니다
빛을 엮던 몸 내려놓으시고
한 사람 한 사람 우리들을 만나고 계셨습니다

명동 길목 길목을 돌고 돌아 나와
광야를 지나온 것처럼
그날은 아이들도 청년도 어른도
황혼 길에 들어서 백발이 된 자도
수천의 순례자가 되어
가난한 이들의 마음에서 꽃이 피고
억눌리고 갇힌 자들의 시린 손끝에
더운 핏줄이 열려
길이 나는 것을 보았습니다

소통과 화해의 꽃등을 켜고
서로 살 맞대고 사는 날을 위하여
구유처럼 품어 안으신

님의 질그릇은
햇살로 반죽한 빵이었습니다
참다운 제자의 길이었습니다

옹기 안에 가득 별이 찼습니다.
남은 자들 머리 위에서
고맙습니다 서로 사랑하세요
별이 눈을 뜨고 웃습니다
지금 우리 함께 호미를 들고
그 별을 파종하시는 님의 두 손을 봅니다

길 또는 얼굴 · 1

발가락이 닳아 없어진 베드로
그의 발등을 세 번씩 쓰다듬고
묵묵히 내려갔다

지하 무덤으로 내려가는 길
무등을 타고 앞서가던 아기가
갑자기 뒤돌아본다 웃는다

바늘이 멈춘 둥근 시계다

길 또는 얼굴 · 2

베드로 대성당을 나오며
아버지 품에 안겨 있는 아이
그가 나를 바라본다
내가 그를 바라본다

아이의 검은 얼굴이 물방울이다

가슴 구유

어머니, 오늘 저녁 늦을 무렵
밀짚을 깔겠습니다
보이지 않는 가장 가슴 깊은 곳
내 작은 구유 위에
함박눈 내리는 소리를 듣고 싶습니다

베들레헴, 그 빵의 집으로
오시는 소리
가난할 줄 아는 사람의 발자국으로
맨발로 내려오시는 그 소리 듣고 싶습니다

어머니, 오늘은 대림 세 번째 주일
장밋빛 촛불을 켰습니다
설렘의 기쁨 타오르며
마른 밀짚들이 바스락거립니다
가슴속에서 길이 열리는 소리입니다

새하얀 초에 함께 불을 켜는 날
하늘과 땅 사이에 길이 생겨
모든 물이 일어서고

모든 사람은 다시 일어서서
뜨거운 포옹을 할 것입니다

푸른 동굴에 가고 싶어요

내 심장과 당신의 심장이 포개어질 때
동굴이 생겨요
푸르고 푸른 그 동굴 속에서
깨끗한 무릎을 꿇고

늦가을 빗소리를 분향처럼 올리면
심장의 박동 소리가 듣고 싶어져요

먼 곳 그 카프리섬이 아니예요

허리 휘어질 듯 웃던 어린 날의
쾌활한 웃음소리를 타고
산타 루치아를 부르며 노를 젓던
몸집 큰 사내의 목소리

지금 들어오는 빛을 바라보세요
푸른 물결을 느껴봐요

침묵과 적막 사이에서 두근거리는
투명한 부드러움

가난하여 뜨거운 포옹

성체*를 영하며
살이 되신 말씀의 어깨를 꼭 끌어안고 있습니다

---

*성체聖體 : 성체성사를 통해 축성된 빵은 실체적으로 현존하는 그리스도의 몸.

꿈속에서

누군가 어둠 저쪽에서 오고 있다

글라디올러스를 한 아름 안고
머플러로 바람을 가르며
연둣빛 사잇길로 오시는 이

어둠 저쪽 꿈속에서 빛살을 감싸안고
나에게 다가오시는 분

나무와 나무 사이
잎과 잎 사이에 숨어 있던
이슬들을 일으켜
강물을 흐르게 하시니

강물이 호수가 되는 꿈
그 호수 위에서 마침내
새하얀 꽃다발로 나를 품어 안으신다

봄이 님의 얼굴이었습니다

하늘 속에 흰 배꽃이 가득 찬
불암산佛岩山 아래 사는 수도 사제는
오늘 아침 막달라 마리아처럼
울고 싶은 아침이 있다고 말했습니다

한낮엔 봄을 님이라 불렀습니다
흰 옷자락 만지던 날은
내 꿈속이었지만
오늘은 배꽃을 받으며 님을 만났습니다

꽃목걸이 걸어주시던 따뜻한 손
봄처럼 안아주시던 님
봄이 되어 오신 나의 님

봄이 님이었음을 이제야 알았습니다
봄이 님의 얼굴이었습니다

아침 야채 속에서

아침 식탁에 놓인 싱싱한 야채 속에서
파리 나무 십자가 소년들의 합창 소리를 듣는다

어제 영화 속에서 만난 알렉스는
다운증후군이었다
'올해의 여성상'을 수상한 그 아이의 어머니
멋진 이탈리아 여행을 꿈꾸었는데
도착한 곳은 네덜란드였다고

그러나 그곳에서 풍차를 볼 수 있었고
아름다운 튤립을 만날 수 있었다는
마지막 장면의 수상소감은
아침 물방울

야채 위에서 빛나는 초록 이야기
하얀 토기 풀꽃 사이에서 해가 뜬다

사그라다 파밀리아

오직 신의 집이었어요
오직 창문이 있는 숲속이었어요

구엘 공원에서 불어오는 바람의 심장에서
곤충들의 울음소리 들리자
플래시를 터트리는 사람들은 모두 멈추었어요

햇살 들어오는 창문은 야생의 꽃밭
들판도 시냇물도 함께 들어와
함께 놀아요 속삭이면서
즐거움의 심장과 바람의 심장을 섞어요

요셉과 마리아 예수의 집에
찾아온 햇살은 노랑나비처럼
신발을 신지 않고 놀러 왔어요
달빛과 함께 밤을 세며
작은 호수 속에서 거꾸로 서서 놀아요

안토니오 가우디 그의 지하 무덤 앞에서
기도하던 사람들이 움직이기 시작할 때

하늘에 닿는 숨소리 숨 가쁨
출렁이는 수억만 년 전의 태동^{胎動}

두근거리는 고요를 풀어요
탄생과 수난과 영광의 문에서
빛살 휘감아 도는 가난의 제단에서
사그라다 파밀리아 성당 한복판에서

2부

꽃문

꽃의 살을 만질 수 있다 그곳에 가면
흰 꽃숭어리들이 문밖에 서 있어
젖은 까닭을 물으면서
그 어깨를 툭툭 건드릴 수 있다

손이 손에게 스며드는
깨끗한 탯줄을 타고
서로가 서로에게 젖어드는
문살에서 피는 꽃줄기를 보면서
내소사 그 오래된 집에 가면
헐렁한 속살을 칭칭 감고
천년 나무의 몸속에 들어설 수 있다

젖은 까닭과 발가벗은 촉감이 엉켜
접목하는 순간
목수 예수는 몸속에서 짐을 풀고
먹줄을 잡아당기며 웃었다
꽃 덩굴을 새기는 중이었다

경계를 풀어 겹치는 꽃의 내부와

젖은 살의 이력과
쌓이고 쌓인 귀의 퇴적은
이동하는 뿌리는
오래된 집의 날개를 들고
꽃문을 그렇게 활짝 열고 있었다

노수녀 老修女
－그릇에 물을 담고 · 9

물이란 물은 다 끌어안고

달맞이 꽃숭어리 숭어리에 물을 뿌리는

산동네 한복판에 서서

한 뼘 공터도 없는 세상 한 귀퉁이에서

아이들 머리에 무꽃을 꽂아 주는

사리탑 같은 물 자갈 같은

깨끗한 알봄의 아이들을 끌어안고 있는

꽃나무 그늘 밑에서

햇빛의 스위치를 틀고 있는

언뜻언뜻 흰 머리카락 보이는 노 수녀는

그릇이다 흰 물그릇이다

어둠리에서

기러기 떼가 낮게 떴다
어둠이라 불리는 동네에
초겨울 새벽 기러기들이 흰 달을
입에 물고
떼 지어 왔다 물갈퀴를 접었다
끼루룩끼루룩 입을 열면서 달을 쏟아내는
쇠기러기 떼 날개에 별들 포개어지고

우리들은 새벽 미사를 마치자마자
산과 함께 갔다 나무들
눈뜨는 소리 귓속에 묻으며
어깨 덮은 넓은 비듬 툭툭 털어내었다

낮게 뜬 기러기 떼 처음 본다는
바오로 신부님 새벽 산길을 열고
우리들은 산봉우리 오를 때마다
흰 날개 하나씩 달기 시작했다
날개를 폈다 흰기러기가 되어
낮게 뜨기 시작했다

어둠의 껍질 안에서 붉은 해들이 손잡고
원을 그리며 걸어 나오고 있었다
해의 몸들이었다
기러기들이 새끼 앞세우고
한 덩어리 되어
끼루룩끼루룩하며 날기 시작했다

재灰의 수요일

우리는 한복판에 서서 재를 받는다
이마에 재를 받는다
재를 받으며 흙에서 왔으니
흙으로 돌아가는 일 잊지 않으려고
엉겅퀴꽃 빛 제의祭衣를 휘장처럼 흔든다

젖은 번개가 내리고 천 개의 달이 우는데
이마를 가시로 덮은 채
우리는 잔을 마신다
붉은 잔을 마시며 산을 넘는다
산을 넘어 안팎으로 찢긴 살을
밟고 또 밟으며 둥근 무릎을 감싸고 빠져나온다

감쪽같이 달아나고 싶었던 밤 숨기기 위하여
종려나무 잎새에 남아있는
나귀발자국 소리와
뼈가 꺾이는 오후를
별들이 돌아가는 새벽 통로에
밀어 넣으며 집어넣으며
우리는 오후 3시에 입을 맞추고 다시 입을 맞춘다

떠나온 곳으로 돌아가고 있는 우리
풀밭에서 훔쳐낸 햇빛 한 줌을
털어낸다 비늘처럼 털어낸다
물 밖에 선다
바람 밖에 선다
사각거리는 나뭇잎들 벗겨지고

피에타

사람들은 가슴이 아프다고 말합니다
가슴이 찢겨 아프다고 합니다
그러나 어머니 당신은 침묵하셨습니다

가슴 사이사이로 스며드는
침묵의 길로 들어서서
말씀과 살을 껴안은 채

십자가에 못 박히심은 침묵이라고
십자기에 못 박히심은 사랑이라고

예감된 고통이셨습니까
불더미였습니까
사랑 덩어리셨습니까

내 몸속에서 낡은 악기 하나 꺼내어
연주를 시작하겠습니다
사랑은 침묵이라고
십자가에 못 박히심은 사랑이라고

사람들은 어머니를 그리워합니다
어머니는 늘 그렇게 우리 곁에서
사랑은 덩어리여야 한다고 내어주십니다

연풍성지에서

지리산에서 산불이 나고 있다는
빠른 뉴스를 들으며
가을날 새벽 순례길을 떠나는데

구로공단의 수많은 십자가들
나란히 줄을 선 채
검은 지붕 위에서 산불 소식을 듣고

오늘 아침 연풍에서 칠순을 맞는다는
메리놀 회 키 큰 노 사제는
삼십의 나이에 고국을 떠나와

황석두 루가 묘소 앞에서
긴 초록 제의를 입고
즐거움의 깊이를 함께 들어 올린다

산불은 어느새 구름이 되었을까
연풍에서 멈추어 한참을 내려다보고 있다

11월 금요일 밤에 함께 있었다
― 리스트와 라흐마니노프는

가슴뼈 사이로 파고들어 온 빛줄기들이
나를 붙잡고 놓아주질 않는다
어젯밤 그곳 거기에서 일어났던 일

리스트의 시적(詩的)이고 종교적인 선율
라흐마니노프의 첼로 소나타 사단조, 작품 번호 19

빈 건반을 두드리기 시작했을 때
첼로의 현은 새처럼 날아오르고
아기를 안고 있는 성스러운 어머니는
그곳 성당, 명동 한가운데에서
둥둥 떠오르는 지상의 별들을
하늘로 올리고 계셨다
음악은 이미 기도였다
소리 없이 하늘로 오르는 연주는
나를 끌어안고 오르는 자줏빛 구름이었다

몸은 기도의 집을 짓기 시작하고
들판의 집에 내려온 별들은
그 별들은 다시 돌아가지 않고

내 살 속 깊은 곳에서 반짝였다

진즉 나는 아기였다
어머니가 품고 있는
엔리코 파체*와 양성원*의 것이 아닌
리스트와 라흐마니노프의 것도 아닌
11월 금요일 밤에는 오직 나의 음악이었다

*엔리코 파체: 이탈리아 출신의 세계적인 피아니스트. 리스트의 「순례자의 해」 발매로 최고의 찬사를 받았다.
*양성원: 서울 출신. 바흐 무반주 모음곡 전곡 독주회 등. 세계적으로 사랑받는 첼리스트다.

풀꽃으로 오시는 이여

오월에는 휘파람 소리가 들판에 내려앉습니다

작은 풀꽃 속 휘파람 소리
'아들아, 그대의 어머니를 보아라.'
성 요한을 향하여 말씀하신
주님의 목소리가 되어
우리의 어머니
이 저녁 한 가운데에 오십니다

풀꽃으로 오시는 이여
생명의 자리이신 당신께서
때로는 일상의 피곤함 속으로 오시고
너그럽지 못한 저희 속마음에도 오시어
손을 잡고 깊은 강을 건너게 하시니

이제는 저희의 포도주
싱거워지지 않게 하소서
용서와 화해의 품 안에서
마음 넓어지게 하소서

당신의 향기로 가득 찬 이 밤
홍천강 굽이굽이 흐르는
여기 모곡 참제자마을*에서
늘 기쁨의 숲을 가꾸게 하소서

모두 살아있는 강물로 흘러
오월 아침 햇살에 출렁이는 바다이게 하소서
들에 핀 풀꽃 바다 지혜의 들판이게 하소서

*참제자마을 성모의 밤 낭독 축시

두 천사가 오시었다

봄과 여름 사이에 두 천사가 오시었다
집에 오신 두 천사가
햇살을 거느리고 오시었는지
님의 손을 잡고 오셨는지
우리 집은 늘 봄이다
배꼽에 두 손 모으고
허리 굽힐 줄 아시더니
안녕, 핫브지. 한므니, 아가
제법 말의 사냥에 들어가
안과 밖을 탐색하시더니
새 한 마리 들꽃 한 뿌리로
천억의 숲을 이룰 두 천사는
씨앗 속에 든 씨앗을 꺼내며
오래된 물바퀴를 돌린다
두 천사의 호주머니 속에서 해가 뜬다

빛 · 성녀 클라라

물 주전자와 몇 개의 빵이 올려진
포르치운클라의 숲속*
그 바위 식탁에 둘러앉았을 때
프란치스코의 푸른 어깨 위로 타오르는
한 줄기의 큰 빛을 감아 안았으니

비단옷을 벗어 던지고
집을 떠나던 날의 한밤중에
맨 발자국마다 담긴
가난의 깊이는 천 겹의 목마름
그 갈증의 산을 넘어 더 깊어졌으니

사라센 군인들을 향해
높이 높이 들어 올린 성광
그 성체의 빛으로
침략하던 자들의 발길을 돌려세우던
오래된 상본像本 한 장의 기억은
온통 지금, 여기를 빛으로 덮고 있어라

대 희년의 여름에 성문은 열리고

아씨시에서 임을 만나고 돌아오던 날
성광을 든 님의 장엄한 모습은
성전 안, 비둘기의 발목에서도
비둘기의 날개 속에서도
빛나는 나의 성채였어라
깨끗한 밥으로 빚은
'지극히 높은 가난'의 수도원 창문이었어라

*포르치운클라(Porziuncula): 성 프란치스코와 성녀 클라라의 고향 아씨시에 있는 숲.

꽃십자가[*]

볼 수는 없는데 보이지도 않는데
빛을 따라가며 볼 수 있는 아이가
그림을 그렸다
안과 밖을 깊숙이 들여다보며
가슴을 읽고 무릎을 읽었다

가슴을 맞댈 때마다
무릎을 만질 때마다
옆구리에서 피어나는 꽃
못 자국 위에서 웃는 아버지
아버지의 꽃으로 십자가를 그렸다

안으로 깊숙이 들어갈 때마다
밖으로 나오며 웃을 때마다
십자가는 꽃으로 피어 피어 눈부신데

어쩌다 올려다본 내 십자가에는
가시만 가득 꽂혀 있다

마음을 얼마나 덜어내어야 꽃이 보일까

얼마나 가슴을 열어야 나는
꽃십자가를 그릴 수 있을까

보이지는 않지만 볼 수 있는
아홉 살의 승리는 비닐 커튼을 걷고
함께 꽃을 심자고 손으로 웃는다
옆구리에서 꽃이 피어나고 있는 비밀이다

*꽃십자가: 충주성모학교(시각 장애 특수학교)에 재학 중인 승리가
 2009년 미술 작품전에 출품한 꽃십자가.

빛집 한 채

강물에 젖은 노을들이 함께 걸어오는
동검도*에 빛집 한 채 들어서니

갯벌은 발자국을 남기지 않고
새들은 날개를 열어
모든 이가 가슴으로 꽃 피우는
꽃가슴 꽃의 가슴이어서

휘감아 오르는 나팔꽃 창문을 열어
적막의 궁창에서 태어나는
꽃줄기들은 어우러져 세상 밖으로 나가고

욕망과 갈등의 늪에서 겨우 빠져나온
아슬아슬한 내 몸이
더운 심장에 집을 짓기 시작합니다

기도가 햇살이 되는 즐거움
정녕 부드러운 꿈의 생환, 뜨거운 두근거림의 시작

*강화 연안 갯벌에 둘러싸인 신비로운 섬에 채플이 세워짐

종탑에 오르다
― 클레리구리스 성당에서

헌책방에 쌓아 올린 오래된
시집 냄새가 젖어 있어
낡고 바스러질 것 같은
시집의 첫 장을 넘길 때처럼 조심조심
이백스물다섯의 돌계단을 오르니
중세의 바람들이 서로서로 손을 잡고
휘청휘청 섞이는 소리와
혼자서 놀다 돌아가는 햇살의 등 뒤에서

얼마나 많은 날들이 살처럼 섞였을까
얼마나 많은 종소리들이 새처럼 날아갔을까

포르투, 이 작은 도시의 빈 하늘 아래
에피클레시스* 이 거룩한 변화를 위하여
누군가의 아침기도를 위하여
누군가의 삼종기도와 저녁기도를 위하여
하루에도 몇 번 이 돌계단을 오르내렸을
종을 치던 사람의 발자국 소리가
행간을 이루는 시의 몸이 되어

몸 하나 겨우 밀어 올릴 수 있는
이 어두운 돌계단을 딛고 성큼성큼
낯을 가리지 않고 다가와서
벽돌 빛 꽃다발을 한 아름 가득 안기고 가는데

오래된 시집 냄새에 젖은 나는
도오루 강변에서 붉은 지붕으로 활짝 피고 있다

*에피클레시스(epiclesis): 성체 변화 직전 빵과 포도주 위에 성령
 강림을 청하는 기도.

3부

마애삼존불

 미소에 각이 있다는 것을 처음 알았네 미소에도 날개가 돋는 걸 처음 보았네 잠자리 날개처럼 투명한 햇살의 크기와 햇빛의 각도는 자꾸만 맑은 날개가 되어 하늘로 오르네 돌의 살갗이여 그대 입가에 흐르는 백제 땅 백제 사람 소리 서산 앞바다를 가르는 맨몸 맨살의 미소는 천년의 씨앗 바람

절물에서 놀다

 절물에서 마시는 물은 한 그릇 아침밥이다 절 옆에 있었다는 물이 밥이 되는 아침에 밥은 한 숭어리 꽃이다 오름과 오름의 틈새로 숭어리 숭어리 피어오르는 흰 밥사발이 키 큰 겨울나무들과 함께 걸어 나오는 절물에서 새벽 첫물을 마신다

 검은 날갯죽지 들고 새들이 몸을 푼다 몸 열며 놀자고 한다 까악 까아악 윤기 나는 목소리를 붙잡고 놀고 싶어 땀 흘리며 놀고 싶어 까마귀들과 한판 놀고 싶어 까마귀 등을 탈까

 절 옆에 있었다는 물이 낯선 귀퉁이를 돌아 절물에서 노는 까마귀와 함께 물을 마신다

겨울 청기와 한 장 아시나요

 지리산 남쪽 품 안을 샅샅이 안아 보셨나요 각황전覺皇展 앞 석등 너머 숨어 있는 기와 한 장을 만나셨나요 뒤뚱거리는 몸의 촉수를 열고 지지 않는 꽃잎을 만지셨나요 시린 울림으로 피고 있는 화엄사 겨울 올벚나무가 청기와 쪽빛 가슴 속에서 지금 동그란 눈을 뜨고 있어요

낙산洛山 또는 양양襄陽

  불길은 발자국을 남기지 않고 떼 지어 날았다 건너뛰며 휘어지는 불꽃들은 낙산사 담장만 남긴 채 동해를 휘감고 사라졌다

  봄 불꽃들이 춤을 추었다고 상상한다 불꽃의 넓이와 길이와 불꽃의 속도와 무게는 날아오르며 흩어지는 깊이와 발자국의 각도

  한 줌의 재도 남겨놓지 않은 절집 새벽 마당에서 기와 한 장 시주하라는 큰 보살님이 큰 소나무를 그리워한다 죽은 소나무를 말한다 얼마나 오랜 세월을 기다려야 그만한 소나무를 만날 수 있을지 애를 태우는데

  불탄 소나무 아래서 햇풀잎들이 사방에서 몰려와 동그랗게 몰려와 까맣게 타버린 흙을 헤치고 있다니 녹아내려 사라진 동종銅鐘을 들어 올리고 있다니 사위四圍가 겹친다 종은 곧 울릴 것이다

와불(瓦佛) 앞에서
– 운주사

 도암에서 돌아눕지는 않았다 그러나 드러누웠다 칠성바위 마당에 모여 있다가 꽃대궁을 여는 풀잎들이 울음으로 서려있어

 서쪽 산등성에 내려놓은 손끝으로 옷 주름은 빠져나가고 쇠전머리 닭전머리 중장터에 드리운 숨소리마저 누워 있는가

 산과 산 사이 천불 천탑의 땅 넉넉한 숨을 따라 물길 트는 곳에서 뿌리는 더 팽팽해지고 멀리 떠난 발자국들은 곧 돌아올 것만 같다

 새벽닭 날개를 열어 파닥이면 천 개의 세상 열리고 함께 일어서서 열반에 드시려나

그 흰 목어^{木魚}의 등뼈 속에서
– 내소사^{來蘇寺}

  천년 느티나무 앞에 매달려 있는 흰 목어^{木魚}의 등뼈 속에서 곰소항 등피리 곰삭는 소리 겨울비에 젖는다

  별을 삼키는 별 달을 먹는 달 생합 껍질로 변산 앞 바다에 누울 때 우리는 물살로 흔들려 한 마리 흰 목어가 된다 꼬리를 흔든다 물속이다

  꼬리 틈새로 난 전나무 숲길과 초입에 서 있는 작살나무 자줏빛 구슬 열매는 늙은 느티나무 몸속으로 들어가 붉은 여의주 될까

탑 塔

탑리塔里를 지나 왕궁리에 들어서면
푸성귀처럼 풋풋한 탑의 귀가
사방에서 솟고
층층마다 솟는다
돌의 귀퉁이에서 꽃줄기들이 올라온다

사라진 발자국을 캐려고
빈 곳에 혼자 서서
속 뿌리 뻗는 귀솟음은
정직한 우리들의 회복

푸른 구두를 신고 탑돌이 하는
젊은 여자의 어깨마저
잎사귀로 돋아
귀솟음 귀솟음 꽃이 핀다

탑리를 지나 왕궁리에 머물면
시린 무릎 풀고
만경, 금강을 건너
하늘과 소통하는 탑의 귓속에서
몸돌 치솟는 소리 혼자서 들을 수 있다

정병 淨瓶

늙은 은행나무와 느티나무를 지나
석실石室에 목탁 소리 남겨두고
일백마흔아홉 개의 계단을 오르면
눈썹바위는 그늘을 내리 밀고
서른두 척이나 되는
마애석불은 암벽에 기대어 비둘기와 놀고 있다

연화대좌에서 잠시 내려와
투박한 귀와 좁은 이마는 내려놓아도

보문사 문틈까지 올라온 노을과
손에 든 정병은 내려놓지 않아

보관寶冠을 쓴 네모난 얼굴을 마주하다가
서서히 걸어 나와
낙가산 중턱에 머물면서
정병에 담은 깨끗한 물 한 점을 그리워한다

보원사지에 놀러 오시다

돌의 무릎은 아직 삭지 않았다
무릎과 무릎 사이로 햇살이 몰려와
돌들이 살아나는 오후
살갗 열어 그 몸속에
붉은 철주를 세우는 일이
겨울 햇살의 몫이라니
무슨 일이 일어나고 있는 것일까

우리가 도착한 시각에
빈 물그릇처럼 서 있던 들판 저쪽에서는
덧집 벗는 소리 들렸다는데
보니 집은 햇살이었고 바람이었고
나무 이파리와 새들의 날개였다는데
덧집을 벗으며 집이 아니었다고
다시 웃는 서산 마애 삼존불은

가끔 이곳으로 건너오시어
빈터의 무릎과 무릎 사이에
햇살 한 가닥 올려놓으시고
돌과 돌의 어깨 사이로

늙은 새의 꼬리를 만지며 노시다가
그 미소를 살며시 두고 가시니

살점 그리운 날이면 생 몸으로
성큼성큼 걸어 나와
저 혼자 묵정밭을 갈고 있는
겨울 낮달의 골반에서 달꽃이 핀다

꽃이 핀다
누구는 꽃을 보고
누구는 그 꽃 속에서 허물을 벗는가

익산(益山)에서 · 2
― 미륵사지 석탑 해체지신께

우리 모두 꿈 밖으로 밀려 나간다
무지개는 오랫동안 뜨지 않았다
석탑은 녹슨 철골 덧집에 갇힌 채
정작 용화산 연못 속 달빛 한 줄기를 볼 수 없어
만신창이가 된 거대한 몸 뼈가 삭았다
녹아 흘렀다 한 뼘의 도르래 바퀴에
찔레꽃 하얗게 떠다니는
뼈를 찾지 못해 기다리는 걸까
우리는 출구를 잃어버린 채
골목 깊숙한 곳에서 빠져나오지 못했다
물오리처럼 발을 내리고
이제 좀 쉬어야지 쉬면서 기다려야지
거기 서서 품어 안았던
서러운 몸을 쪼개어
푸른 핏줄이라도 보여주어야지
반점으로 피어오른 상처의 소금꽃
빈터에 뿌리가 내리고 있다
별의 뿌리가 천천히 뻗어 나가고 있다
쓰러질 수 없는 까닭
가슴속에 숯 더미 그렇게 가득 안고 있는 줄
우리의 허술한 눈으로는 알 수가 없다

오백아라한

사로잡혔어요

정신이 없었어요

파묻혀 가고 있었어요

우리가 사이사이의 빛으로

어둠을 보고 있을 때

달의 숨소리가 들려서

달 숨소리는

아라한 당신의 심장이어서

황홀한 순간

땅속에서 오백 년 별이 뜨고

해가 나고 달이 기울 때

그 맑은 미소 당신의 얼굴은

휘영청 밝았어요

흐르는 강물 따라 서울 나들이 오셨나요

창령사 터 그 깊은 땅속에서 웃고 계셨으니

햇살은 휘파람처럼 사라지지 않고

당신의 몸속에서 지금 살고 있어요

달의 몸입니다 고요와 함께 살고 있는 뜨거움입니다

4부

벨링포젠 고원*에서

  생것이었어 날것이었어 마른 벌판, 살아 있는 것이 없을 것 같은 그 가슴 주머니 속에서 작은 풀들이 돋아났어 해가 쏟아지고 비가 내렸어 키 작은 풀들은 숨소리 끌어안고 한 켜 한 켜 말씀을 쟁이면서 어깨뼈의 고통 없이 태어난 태초의 살이 되고 싶었어 눕고 싶었어 물 사발, 맑은 물그릇처럼 높은 그곳에서 몸을 눕히고 싶었어 둥근 배꼽을 열어 놓으신 하느님의 탯줄을 타고 누워서 피는 물렁물렁한 잎사귀들의 꽃으로

---

*벨링포젠 고원: 노르웨이에 있는 해발 1,500m의 광활한 고원.

여름 여행

  여주시 강천 도전리 스승 예수의 집* 수녀원 입구에서 달맞이꽃들이 햇살을 감기 시작했어 빈 가방을 들고 온 사람과 반쯤 소중한 것을 담아온 사람과 세상 이야기를 가득 채워 온 사람을 제 가슴속에 안으면서 햇살을 살살 감기 시작한 거야 따뜻한 사제의 손을 잡고 달맞이꽃 속으로 들어 간 사람들의 저녁 침묵은 임을 만날 수 있는 여행의 기척이며 시작

*스승 예수의 집에서 이냐시오 영성수련 8일 피정이 있었음

물의 문
—감실龕室 앞에서

   사방이 캄캄합니다 무릎 꿇지 않은 풍경으로 앉아서 캄캄한 물의 끈을 잡아당깁니다 그 끈을 잡고 부드러운 살 속에 들어와 빈 몸이 됩니다 풀기 빳빳한 겉옷 던지고 웅크리고 앉았던 분홍의 태반 그리워 더 가까이 다가가면 그 미끄러운 살의 집이 새처럼 지저귀기도 하고 바람처럼 들판을 가로지르기도 하고 안팎으로 바뀌면서 울기 시작하더니 말씀의 몸에 빛을 낳습니다 깨끗한 물의 문을 통하여 부드러운 그러나 단단한 빛이 섭니다 모든 태어나는 것을 위하여 그리고 모든 포개어지는 것들을 위하여 천 개의 태반을 위하여

일상의 변

 한 번도 가계부를 쓴 일이 없는데 누군가 비틀거리는 숫자를 타고 한 달 생활비를 물어오면 그냥 대충 살아요 대답하다가 문득 흰 들꽃들의 웃음소리가 듣고 싶어진다

 어느 해 겨울 성 바오로 딸 수도회에 송금할 일이 있어 은행 유리문을 밀고 들어서니 불혹의 나이가 넘도록 해 본 일이 서툴러 들꽃 같은 아가씨에게 묻는데 그 야릇한 웃음이 내 옷깃에 떨어지는 순간 한 올 한 올 사이에서 낯선 바람 일고

 세상 물정 모른다는 핀잔 속에서 기억의 사슬이 끊긴 것일까 숫자에 대한 감각은 자꾸만 무너져 내려 일십 백 천만을 꼭꼭 누르며 수를 세다가 성당 종탑에서 울리는 삼종 소리 듣고 싶어진다

소금호수
―소금에 대하여 · 4

  물길이었다 소금 뼈의 눈물이었다 새의 날개와 풀무치의 녹색 날개가 푸드득 푸드득 소금기둥에 묶인 높다란 산들을 데리고 내려오는 중이었다 물과 뼈 사이에 길이 생기고 킹가 대성전^{大聖殿}을 짓던 광부들이 몸을 씻어 묵은 달을 건져내었다 깨끗해진 광부들의 얼굴이 호수 위에서 별처럼 뜨고 있다 물의 마디마디에 숨어 있던 칼날들이 실눈을 뜨고 웃는다

소금 화석
−소금에 대하여 · 8

  비늘도 아니고 꼬리도 아니어서 나뭇잎도 아니고 수염도 아니어서 늙은 봄의 흔적인가 했더니 가슴뼈 한쪽에 남아 있는 날生것의 숨소리가 팔딱거리네

  단단해진 틈새에 짠바람 돌아 살 속에서 솟구치는 푸른 힘줄이 살아있어 살아있어 깊은 잠을 자는 중 물을 적시는 중이네

  꽃삽 한 자루로 만물을 그리신 그분의 그림이 물속에서 지금 막 태어나는 중이네

크리스털 십자가
−소금에 대하여 · 9

　얼굴과 가슴이 만나고 손과 손이 만난다 사방으로 드나드는 통로에 소금 캐던 광부들의 손끝이 모인다 소금 상처 뼛속을 뚫고 대못 치는 소리에 피가 고여 피가 돌아 못 자국은 보이지도 않고 꽃잎으로 피는 두 손이 나비가 되어 훨훨 춤을 춘다 크리스털 소금 덩어리 덩어리에 말씀의 뿌리 쏟아져 내려 두 손에 소금 맛이 돈다 소금주머니가 생긴다 우리들의 무릎에도 피는 소금꽃이여

킹카 대성전 大聖殿*
—소금에 대하여 · 10

  물과 물 사이에 땅과 땅 사이에 커다란 소금 집 한 채 묻혀있어

  가랑비에 젖은 사람들이 들어와 햇살을 들어 올리며 소금을 캐고 난 자리에 꽃이 피었다고 기록한다

  뼈에서 나온 뼈처럼 살에서 나온 살처럼 킹가 공주가 던진 반지 속에서 태어난 소금산에 그림을 그린다 최후의 만찬이라고 이름을 쓴다 소금 샹들리에를 켠다

  소멸되어진 것들이 살아나고 멈춘 것들이 움직인다 멀리 있는 것들이 끌어당기는 힘 두근거리는 거대한 소금 집에서 우리는 무릎을 꿇고 기록하던 것을 모두 버린다 일어선다 그리고 다시 무릎을 꿇는다

---

*헝가리의 킹가 공주가 폴란드 왕자와 결혼한 후 소금 광산을 염원하며 결혼반지를 던졌다는 비엘리츠카 소금 광산의 전설. 광부들은 소금을 캐면서 휴식 시간마다 킹가 공주를 기리기 위해 대성전을 세움.

더운 길 · 1
– 몸이 길이 되었다

사그락 소리가 났다 접시꽃 피는 아침 뼈와 뼈 사이에 엉겨 붙은 꿈의 버짐 툭툭 털어 낼 때마다 손끝에서 길이 나는 걸 알아차렸다 끝과 끝이 닿아도 길이 되고 살 속에서 핏줄이 몰려와도 길이 되어 오랫동안 드나들지 않았던 어머니의 고봉밥 손끝에 물길이 난다 만삭이 되어 벙글어지는 몸, 풀잎의 이마에서 양수가 터지고 몸이 길이 되었다

안개는 젖은 채로 서 있다

  몇 년 전 잠깐 들렀던 절물 숲에서 한 삼일 젖었는데 머무는 동안 젖어 있는데 까마귀들은 삼일 내내 몰려와 놀자고 한다 왜 이리 뜸하게 왔느냐고 묻는다 노는 것도 젖는 일 서로가 서로에게 젖는 것은 꽃밭이라고

  안개와 까마귀는 함께 논다 젖어 있다 서두르지 않는 장생의 숲길도 젖어 있어 안개 내림이다 빛 내림 없이 모든 것들이 내리고 있다 관통하는 길이다 올라가는 길보다 내려가는 길의 안부는 찬란해서 우리 모두 함께 내려가면 괜찮을까 올라가고 내려가는 길이 섞여 있어 고단한 어깨를 눕히지 않는 안개는 젖은 채로 서 있다

성 목요일 밤

   성당 마당에서 몰려다니는 꽃향기가 허리를 구부린다 그 허리 틈새로 라일락인가 싶어 들숨을 쉬니
   ―라일락 아니예요. 알아맞혀 보세요.
   말가리다 수녀님의 깨끗한 목소리가 층계를 내려온다 사방을 두리번거린다 수 없이 둘러싸여 있는 실체들이 사방에서 뚜벅뚜벅 마당으로 걸어나온다 빛바랜 길을 건너 바다에 뿌리를 내리고 싶다는 욕망의 타래가 온몸을 꼬며 비틀거린다 굴러다닌다 뚜벅뚜벅 걸어 나오는 실체와 굴러다니는 실체들이 헝클어진다 꽃향기를 감는다 마당이 빈다
   ―라일락 같은데요.
   탁한 목소리를 올려보내는 순간
   ―위를 보세요.
   봄날 같은 웃음을 보내며 수녀원으로 들어가는 말가리다 수녀님 허리에 기둥을 타고 올라가는 보라색 등나무꽃이 주렁주렁 달린다 부활절 새벽이슬처럼

5부

나무는 걷는다

선운사 입구에 들어서면 나무들이
본색, 본색을 드러낸다

말갛게 들여다보이는 물속에
옷도 벗지 않은 채 들어가
보이지 않는 뿌리를 하늘로 들어 올리고
조금씩 수줍어한다
평온한, 저 면경 같은 물속에서
부끄러워한다 조금씩 더 부끄러워한다

햇살 한 줌으로 물구나무서는 나무들이
배꼽을 드러내고 성찰하는 오후
늙은 나무의 무게보다 더 찬란했을
새잎 한 장 태어나는 유쾌한 황홀로
바람이 걷는다
햇살이 걷는다
젖은 나무들이 걷는다
뿌리를 끌어안는 생 잎사귀들은 속삭인다

좀 쉬어 가도 괜찮아요

절정이다 싶으면
잠시 머물다 가도 괜찮아요
몸속에 푸른 바람이 생기고 있으니
라일락 꽃숭어리처럼 안고 가세요
우듬지에 담아서 나누어 가세요

서로서로 손을 잡고 가슴 껴안는
따스한 날 물속에서 걷는다
제 무릎 아래 꽃무릇 세상 만드는 선운사의 나무들은

꽃, 그 소리

그해 봄 오월
신월동 살레시오 회관 뒤뜰에서
제비꽃들이 솟아오르며
수정 같은 기도를 바치고 있을 때
낮은 음계들이 몰려와
보라색 꽃잎 파르르 날리며
신에게 편지를 쓰기 시작했다

빈 뼈들의 공간이 아직도 넓습니다
채워야 할 것들이 많아
자꾸만 가슴이 좁아집니다

그러나 새벽 뜰에서 솟아난 꽃들의 소리
잎새에 앉아 공간을 넓히고 있었다

생문 生門

산수국 잎사귀 뒷면에서는 빈방 냄새가 난다

햇살과 바람이 놀다 가기도 하지만
빈방이 허공처럼 부풀어 오르면
하늘바라기 헛꽃들은 호객 행위를 끝낸다

허방의 꽃들은 소리 내지 않고 운다
지상의 풍경 냄새를 끌어안고 속삭인다

상서로운 문이 곧 열리면
어린 꽃살들이 잔뜩 물을 머금고
몰려올 것이라고 말한다
우리가 반쯤 늙어 가고 있을 때

진짜배기 참꽃이 몸을 여는 순간
생의 씨앗은 문을 열고 곧 부풀어 오를 것이므로

와온에서 붉은 산을 만나다

식은 재는 하얗다
식은 재는 불티가 되어 날기도 했다

붉은 속살이 조금씩 보이지만
아주 뜨거울 것 같아서
꽃무릇 꽃무릇 색깔이어서
붉은 불씨의 날개를 잊을 수가 없어서
바닷가에서 저녁을 순장하며 말을 한다

멀리 가지 마, 흰 몸으로
가볍게 날아가지 마
바닷물에도 내리지 마
떨어져 내리지 마

대나무 발 그 사이사이로 끼워 넣은
굴의 씨앗들이 이제는 큰 몸이 되어
어깨가 굵어지고 살이 올랐으니
가벼워진 대나무의 발들은 낡아서
새 기운을 얻지 못하고 있으니

솔섬을 건너오는 날에는
엄숙한 황홀을 위하여
그 태반을 태우는 것인가
붉은 겨울 불꾸러미로 순장하는가

헐렁헐렁해진 마을을 바라보며
어디선가 몰려왔던 날의 겨울과
몇 뿌리 남은 겨울 대파들이
태반의 기록을 유인하는 저녁의 와온이 붉다

배널 풀이 있는 숲에서

숲은 신의 자궁이었습니다
적어도 그날 내가
둥근 모습으로 앉아 있을 때
그렇게 앉아 있는 나를
둘러쌓기 때문만은 아니었습니다

발길이 끊어진 곳
덤불 헤치듯 찾아간 그곳에서
푸드덕 나는 소리와 함께
새들의 종종걸음 소리 들렸습니다만

나무의 뼈들이 오래 누워 있는
한여름 늙은 숲에서
봄의 저수지 봄 저수지
배널 풀이라는 그 이름의 늪을
숲속 한복판에서 만났기 때문이었습니다

햇살 때문에 샛붉은 산 열매들
후드득후드득 떨어지기도 했습니다만
둥글게 살아나서 걸어오고 있습니다
커다란 숲의 몸에서 막 산기가 돌고 있습니다

4월은 실로폰 소리처럼

4월은 실로폰 소리
실로폰 소리를 품고 온다

졸업선물로 주셨던 이 교수님의
어린 호두나무 한 그루
까맣게 잊고 있었던
50년 전 기억의 창고에서
파릇파릇 솟아 튀어 오른다
실로폰 소리처럼

꿈을 담아 주시던 스승의 손길
이 봄 새잎으로 피어
나를 바라보는데
옛 뜰에 심었던 호두나무 뿌리
굵어지고 있을까 지금쯤 늙어 가고 있을까

4월이 휘파람을 감고 다시 오고 있는데

늙은 어부 방코센

종소리를 들었어요?

물고기를 위한 방코센의 기도는
언제나 깨끗해서
30년 된 그의 낚싯대는
피피섬의 햇살을 끌어안고 있네

햇살의 힘은 방코센의 기력

바다 위 흔들리는 보트에서 살지만
여덟 살 손녀 아사나와 함께
사그마한 집에서 살 수 있는 날을 꿈꾸는
우락 라와이족 마지막 어부는

커다란 꼬치삼치를 들어 올리고
대어와 사투를 벌인 하루를 내리네
손녀를 포옹하는 가슴으로 종을 치네

가슴 종소리 들어보세요
온 세상의 음악 꽃봉오리 터지는 꿈을

우포늪 실잠자리

우포늪은 오래된 살이었습니다
하늘에서 내린 부드러운 집의 살

윤슬을 흔들어 첫 비행을 했는지

산박벌, 그 굼턱진 산의 바깥
새벽 물안개와 꽃짐은
늪의 몸에서 막 돌기 시작한
오월의 산기 産氣 가 낯설지 않았습니다

끊임없이 이어지는 익숙함
왕버들 숲에 내린 하늘의 실이어서

단단하고 부드러운
다정한 바스락거림이어서

늪 배를 젓는 어부의 어깨에
툭 걸쳐진 투명한 아침햇살이어서

실잠자리 한 마리는 잎사귀 끝에 앉아

움직이질 않습니다
배 마디마디에서 탱글탱글한 숨소리 들릴 것 같아
응시했습니다
젖은 날개에서 별들이 금방 태어날 것 같아
차마 떠나지 못했습니다

어쩌면 흰눈썹황금새 한 마리까지 날아올지도 모르는 일
우포늪 실잠자리는 온종일 왜, 기다리고 있을 심산^{心算}인지

말을 걸고 싶다

쿠키를 먹어 봤니
커피에도 찍어 먹어 보고
호밀 빵과 함께 먹어봤어

그렇게 먹어봐 어서, 어서
연둣빛 새잎들이 눈을 뜨며
소곤거리기 시작할 거야
함께 있는 곳이 수양 버드나무 밑이거든

버들가지 눈 뜨는 소리 들어봐
시냇물 소리가 들린다니까
무럭무럭 늘어지는 속도를 만져봐
따뜻한 손을 내밀고 싶어지거든

버드나무 밑에서 쿠키를 먹으며
말을 걸고 싶다는 생각은
어젯밤 뉴스 때문
샌드위치처럼 매립한 40년 전 포장지
70년대 한일 소주병의 민낯
한라산 어깨에서 꺼내고 있다는

그 소식 너머의 부끄러움 때문에
말을 걸고 싶었어 나무에게
버드나무 가지에게 손을 내밀며

플라스틱 조각을 새끼에게 먹이는
앨버트로스 어미 새와
어느 죽은 새의 날개를 만지며 말을 걸었어
어릴 적 붉은 코끼리들은 어디서 잘 놀고 있을지

나무는 나무에게 간다
– 카필라노 서스펜션 브리지*를 건너며

이끼를 품고 있는 나무의 근육은
나무의 껍질을 스쳐 가는 새들의 여유는
커다란 몸과 숲의 짐승과
끝이 보이지 않는 숲의 일몰과 일출은
낯설고 익숙해지며 잠시 흔들리더니
오래된 집 마당에 핀 몇 송이의 맨드라미
대낮 그 붉은 꽃 덩어리 속에서 흔들린다
다리를 건너면
늙은 나무들의 품에서
죽은 몸은 죽어 있는 것이 아니라
다시 태어나는 중이라고
새 목숨 품어 안고 부화하는 중이라고
숲의 귀를 올리며 햇살을 만나고 있다고 말한다
우리, 흔들다리의 발끝을 붙들고 함께 건널 때
숲의 근육이 탱탱해지는 순간을 느끼지 않았던가
나무와 나무 사이에 묵혀 있던
오랫동안 엉켜서 살던
낮은 풀들의 어깨에서 살다 간 흔적들이
흔들리지 않았던가
죽은 몸과 몸 사이에서 돋아난 어린 숲이

맑은 종아리를 드러내고 뜀박질할 때
사라질 것처럼 보이는 부스러진 몸에서
순하디순한 꿈들이 쏟아져 나오지 않았던가
나무에게 간다
나무는 나무에게 간다 껍질을 벗고
나무가 나무에게 다시 가는 길
날아가는 새 한 마리는
가지와 가지 사이에서 잠자는 잎사귀들이
어린 싹들이 얼마나 눈부시고 달콤한지
끌어안아 보란다
입을 맞추어 보란다 여린 잎 같은
봄날 같은 나무의 몸에서 새들이 살고 있다

*카필라노 서스펜션 브리지(Capilano Suspension Bridge): 캐나다 밴쿠버에 있다. 두 절벽을 가로질러 로프에 매달린 흔들다리를 건너면 나무와 나무 사이에 다리를 놓아 Tree Top Adventure를 즐길 수 있다. 'Nurse tree'라 불리는 죽은 나무에서 어린나무들이 많이 자라고 있다.

빛의 손 · 2
– 베리따스교사회 창립 10주년에 부쳐

해를 돌리셨습니다 둥글게 둥글게
펼치시던 님의 두 손이
씨앗 한 알 고이 심으시던 날
물과 바람의 틈에 밭을 내시고
참 빛을 비추시어
해마다 해마다 가꾸셨습니다

열 살 먹은 소년의 키만큼 자라
굵어진 어깨의 넓이만큼 커져
우리 오늘 함께 모여
몸을 낮추고
마음을 올려 빛타래를 품니다

어린 새싹의 눈빛을 들여다보며
날마다 별을 올리는 아이들을 위해
날마다 꿈을 꾸는 아이를 위해
단단한 사랑 뿌리
진리의 빛줄기를
님의 텃밭 여기에 내리고 있습니다

꽃폭풍

폭풍이 몰려왔다 휘몰아왔다
한 사흘 몰아치더니 꽃천지 꽃사태다
시간을 나누어 피더니만
어인 일로 한꺼번에 몰려왔는지
꽃에 취하고 있는 중이라고 말하는데
친구는 꽃들이 반란을 일으키고 있다 하고
키 큰 이 시인은 무섭다고 했다
정신이 번쩍 났다
사이사이에 무슨 일이 일었을까
꽃들의 웅성거림
모든 꽃이 한순간에 나를 바라보며
니는 무섭지 않으냐고 물었다
꽃들은 모두 허공에 앉아 있었다
분명한 것은 곧 떠나리라는 것과
막다른 길이 너무 팽팽해졌다는 것이다
백화제방百花齊放을 읊조리며
불길한 마음을 내려보내려고
올려다보니 오래된 공중에서 꽃잎들은
푸른 방울토마토처럼 내려오고 있다

에필로그

시의 날갯짓

김영자

말하다

  오래전 들판의 풀잎들이 바람이 되는 꿈을 꾸고 싶었다. 초록빛 바람이 세상을 감싸는 즐거움을 누리면서 어딘가에 오래 갇혀 있다가 빠져나올 때의 느낌은 어떠할지 말하고 싶었다. 교감하던 사람과 사건, 사물과 자연을 만나면서 반짝이는 떨림을 갖는다면 좋은 시 한 편 쓸 수 있지 않을까 욕심을 내기도 했다. 새처럼 날개를 열고 훨훨 날 수 있다면 빛나는 떨림을 만날 수 있으리라는 생각은 여전하다. 그러나 지극히 사소한 것으로 채워지는 일상이 폭풍우처럼 휘몰아칠 때도 있지만 그 일상의 미풍은 참으로 아름답고 평온한 리듬이지 않은가!

  하루에도 몇 번씩 반복되는 평범한 일상의 리듬이 자신과 한 몸인 것을 깨닫게 되기까지는 참으로 오랜 시간이 걸린다. 작은 일과 평범한 일에 감사할 줄 아는 나이가 되어서야 비로소 일상의 소중함을 알게 되는 까닭이리라. 어찌면 생각의 줄기를 가려내지 못하고 마음의 물꼬를 트지 못했던 탓이기도 할 것이다.

그러나 '시간은 커다란 새의 무리처럼 날갯짓 소리를 내며 날아오른다.'라는 로베르트 발저^{Robert Walser}의 표현을 겹쳐보면서 추슬러본다. 내게 '떨림'을 가져온 시간이 날갯짓 소리를 내며 날아오를 때 시를 쓸 수 있는 모티브를 준 것은 분명하기 때문이다. 보고 듣고 느끼면서 생각하고 체험했던 시간이 날아오를 때 시 한 편 쓸 수 있었지만 때로는 몇 년씩 오랜 기다림을 동반하기도 했다.

그런 연유였을까? 그간 출간했던 시집 한 권 한 권을 넘기듯 읽어보다가 작품에 대한 부끄러움을 느끼면서 다시 쓰고 싶은 생각까지 들었으니 오죽하랴. 솔직한 심정이다. 그러다가 문득 작품 속에서 표출된 자신의 영성을 돌아보며 가늠해 보고 싶었다. 작은 날갯짓을 느끼기 시작했다. 그 느낌으로 신작시 몇 편과 함께 각 시집에서 뽑은 작품을 묶으면서 믿음의 의미를 소박하게 부여하고 싶었음을 말한다.

시 세 편으로 말하다

내 심장과 당신의 심장이 포개어질 때
동굴이 생겨요
푸르고 푸른 그 동굴 속에서
깨끗한 무릎을 꿇고

늦가을 빗소리를 분향처럼 올리면
심장의 박동 소리가 듣고 싶어져요

먼 곳 그 카프리섬이 아니예요

허리 휘어질 듯 웃던 어린 날의
쾌활한 웃음소리를 타고
산타 루치아를 부르며 노를 젓던
몸집 큰 사내의 목소리

지금 들어오는 빛을 바라보세요
푸른 물결을 느껴봐요

침묵과 적막 사이에서 두근거리는
반투명의 부드러움
가난하여 뜨거운 포옹

성체를 영하며
살이 되신 말씀의 어깨를 꼭 끌어안고 있습니다

- 「푸른 동굴에 가고 싶어요」 전문

 시의 날갯짓 소리를 들었다. 그러나 그 날갯짓은 깊은 곳에서 긴 잠을 자고 있던, 참으로 오래된 날갯짓이었다. 잊고 있었던 그 날개의 파닥임 소리에 귀를 기울인 것은 어느 날 미사를 봉헌하는 영성체 후 묵상 중이었다. 문득 찾아온 푸른 동굴은 내 심장과 예수의 심장이 포개어지는 순간에 생겨났다. 여행길에서 들어가 보았던 그 푸른 동굴 속 느낌은 오랫동안 내 안에 자리 잡고 있었지만, 표현할 수가 없었다. 그러나 5년이라는 시간도 훨씬 지난, 참으로 오랫동안 잊고 있었던 지중해 카프리섬의 푸른 동굴이 갑자기 날갯짓 소리를 내며 다가온 것이다. 아주 조금씩 느리게 천천히 가까이 오면서 새로 태어나다니.

> 꽃의 살을 만질 수 있다 그곳에 가면
> 흰 꽃숭어리들이 문밖에 서 있어
> 젖은 까닭을 물으면서
> 그 어깨를 툭툭 건드릴 수 있다
>
> 손이 손에게 스며드는
> 깨끗한 탯줄을 타고
> 서로가 서로에게 젖어드는
> 문살에서 피는 꽃줄기를 보면서
> 내소사 그 오래된 집에 가면
> 헐렁한 속살을 칭칭 감고
> 천년 나무의 몸속에 들어설 수 있다
>
> 젖은 까닭과 발가벗은 촉감이 엉켜
> 접목하는 순간
> 목수 예수는 몸속에서 짐을 풀고
> 먹줄을 잡아당기며 웃었다

꽃 덩굴을 새기는 중이었다

경계를 풀어 겹치는 꽃의 내부와
젖은 살의 이력과
쌓이고 쌓인 귀의 퇴적은
이동하는 뿌리는
오래된 집의 날개를 들고
꽃문을 그렇게 활짝 열고 있었다
― 「꽃문」 전문

 전나무 숲길을 들어서서 내소사에 가면 색깔을 덧씌우지 않고 보존하고 있는 대웅보전 꽃 창살문을 만날 수 있다. 나무 빛깔과 결이 살아있는 꽃살문은 첫눈을 사로잡기에 충분하다. 그 부드러운 황홀감은 평온해서 꽃줄기들은 서로 깨끗한 탯줄을 타고 젖기 시작한다. 서로에게 젖는 순간, 그 순간에 경계는 허물어진다. 그렇듯 불상을 모시는 법당 안에서 목수 예수는 먹줄을 잡아당기며 시의 날갯짓을 타고 내게 왔다. 그 떨림의 날갯짓은 천년 나무의 봄속에서 함께 젖는다. 몸속에서 짐을 풀고 꽃무늬와 덩굴을 새기는 예수의 웃음은 오래된 집의 문을 그렇게 활짝 열고 우리 모두를 꽃으로 받아들인다.

 사방이 캄캄합니다 무릎 꿇지 않은 풍경으로 앉아서 캄캄한 물의 끈을 잡아당깁니다 그 끈을 잡고 부드러운 살 속에 들어와 빈 몸이 됩니다 풀기 빳빳

한 겉옷 던지고 웅크리고 앉았던 분홍의 태반 그리
워 더 가까이 다가가면 그 미끄러운 살의 집이 새처
럼 지저귀기도 하고 바람처럼 들판을 가로지르기도
하고 안팎으로 바뀌면서 울기 시작하더니 말씀의
몸에 빛을 낳습니다 깨끗한 물의 문을 통하여 부드
러운 그러나 단단한 빛이 섭니다 모든 태어나는 것
을 위하여 그리고 모든 포개어지는 것들을 위하여
천 개의 태반을 위하여

- 「물의 문-감실龕室 앞에서」 전문

'감실'이란 성체聖體를 모셔 두는 곳이다. 불 켜지지 않은 침묵의 성당, 감실 앞에 앉아 있으면 평온하고 행복해서 무릎을 꿇지 않고 마주 앉아 있는 평안의 기쁨을 나눌 수 있다. 때로는 슬픔과 고통, 때로는 한없는 감사와 찬미를, 때로는 하나 되는 즐거움의 놀이를 할 수 있다. 생명의 원형인 물의 끈을 잡고 들판을 가로지르면서 더 깊은 품 안으로 파고들 수 있으니 얼마나 따스하고 감사한 일인가. 치장하는 겉옷을 벗어 던지고 숲속의 새처럼 지저귀면서 즐거워하고 울기도 할 수 있으니. 포근하고 커다란 섭리의 가슴에 안기는 것 그것은 한없는 부드러움이요 태초의 다정함이다.

다시 말하다

시는 신神의 대화이고 소설은 신의 이야기이며 성경은 신의 말씀이라는 말을 생각한다. 피조물인 우리네 삶 속에서 끊임없이 이어지는 대화이며 이야기인 말씀은 계속되고 있다. 그러나 알아차리지 못하는 일이 얼마나 많은가. 절실하지 않으면 들을 수 없다. 보이는 것조차도 볼 수 없는 일이 허다하다. 내 안에서 움직이는 날갯짓 소리를 들을 수도 없고 그 절실한 날갯짓의 힘을 느끼지 못한다. 그러나 문득 가슴을 열고 따스한 눈길을 주면, 바람 소리를 들을 수 있다. 그 움직임을 만날 수 있고 힘의 파동을 느낄 수 있다.

시의 날갯짓은 떨림이다. '시작詩作'은 떨림에서 온다. 그 떨림은 시를 쓸 수 있는 원동력이며 희망의 끈이다. 햇살 속에서 느끼는 즐거움이라든가 교감하는 모든 대상과 따뜻한 만남은 물론 슬픔과 고통, 원한과 불신의 늪에서 오는 갈등 속에서도 떨림은 온다.

아주 오래전 어느 날의 기억, '활과 리라'를 꼭 읽어보라는 선배의 권유를 받고 그 책을 밤새하면서 새벽녘까지 읽었다. 단숨에 읽다가 내내 떨림으로 행복했던 느낌은 지금까지도 내게 온기로 남아있다. 특히 '시는 앎이요 구원이며 힘이고 포기이다.'라는 옥타비오파스의 이 문장을 대하는 순간 밤새하던 피곤함은 사라지고 생기가 나듯 출근하던 아침 발걸음도 가벼웠다. 그렇다. '시는 구원이다.' 어쩌면 그 힘으로 한 편 한 편 모아 이 시집을 묶는 것인 줄도 모른다. 믿음, 나름의 영성 생활에 힘을 더하고 싶은 욕심이 아니기를 바라면서.

이 도서의 국립중앙도서관 출판예정도서목록(CIP)은 서지정보유통지원시스템 홈페이지(http://seoji.nl.go.kr)와 국가자료공동목록시스템(http://www.nl.go.kr/kolisnet)에서 이용하실 수 있습니다. (CIP 제어번호 : CIP2015027052)

시와산문 기획시선 · 4

푸른 동굴에 가고 싶어요

초판 1쇄 인쇄 2025년 8월 16일
초판 1쇄 발행 2025년 9월 16일

지은이 · 김영자
펴낸이 · 장병환
펴낸곳 · 도서출판 시와산문사
주　　소 · 03173 서울시 종로구 새문안로 5가길 11(내수동)
　　　　　옥빌딩 503호
전　　화 · 02.738·5595
e-mail · sisanmun2@daum.net
등록번호 · 제1987-000010호

값 12,000원

ISBN 979-11-93032-10-7 03230
* 한국간행물윤리위원회의 윤리강령 및 실천요강을 준수합니다.
* 잘못된 책은 교환해드립니다.